Endlich erfolgreich im Network-Marketing durch Klopfakupunktur

Nehmen Sie Ihre finanzielle Absicherung in die eigene Hand

Für Anfänger, Fortgeschrittene, Skeptiker und Zweifler

Bibliografische Information der Deutschen Nationalbibliothek
Die Deutschen Nationalbibliothek verzeichnet diese Publikation
in der Deutschen Nationalbiografie; detaillierte bibliografische
Daten sind im Internet über http://dnb.d-nb.de abrufbar.

2. Auflage:

Herstellung und Verlag:
Books on Demand GmbH, Norderstedt

Lektorat: Silke Arning, Johanna-Christin Zillmer
Umschlagsgestaltung : Silke Arning, Uwe Arning,

ISBN: 978-3-8391-9172-9

Danksagung

Zu Beginn möchte ich Allen danken, die es mir ermöglicht haben dieses Buch zu schreiben. Hier ist vor allem meine Frau Silke zu nennen, die mich immer wieder neu inspiriert hat, meine Trainerin Dagmar Lautenbach - Dinse, den Begründern des MET Rainer und Regina Franke, Björn Zillmer, dem PRISMA Gesundheitsstudio, Johanna und Lars Zillmer, meinem Bruder Volker Arning und meiner Tochter Finja sowie meinem Sohn Noah, denen ich mit diesem Buch helfen möchte, in eine glückliche Zukunft zu gehen.

**Wenn Sie in Ihrem Leben
etwas ändern wollen,
dann können nur Sie selber
es tun.**

**Ich wünsche Ihnen viel Spaß
beim Lesen
und beim Ausprobieren von
neuen Erfahrungen in Ihrem
Leben.**

Ein juristisch notwendiger Hinweis

Das vorliegende Buch ist sorgfältig erarbeitet worden, dennoch erfolgen alle Angaben ohne Gewähr. Dieses Buch informiert nebenbei über die Entdeckung von Selbstheilungsprozessen. Die hier dargestellten Zusammenhänge zwischen Lebenshaltung und Krankheit bzw. Heilung dienen der Selbsterkenntnis und Erweiterung des Bewusstseins. Sie können jedoch weder eine korrekte medizinische Diagnose noch eine entsprechende Behandlung ersetzen, für die im Bedarfsfall eine qualifizierte Fachperson aufgesucht werden muss. Autor und Verlag übernehmen keine Haftung für Schäden jeglicher Art, die durch die Nutzung der Buchinhalte und die Missachtung dieses Hinweises entstehen sollten.

Inhaltsverzeichnis

Vorwort

Der Titel meines Buches mag Sie verwundern, doch es ist wahr. Es ist möglich, durch eine Klopfakupunktur aus der alternativen Medizin, einen dauerhaften Erfolg im Network-Marketing zu erzielen. Doch bevor ich ihnen die Methode erkläre, muss ich Ihnen natürlich zuerst einmal das Network-Marketing näher bringen. Denn leider sind viele Menschen noch gar nicht über diese Verdienstmöglichkeit informiert oder falsch informiert. Hierdurch sind Vorurteile und Skepsis entstanden. Ich hoffe, dass Sie nach dem Lesen dieses kleinen Büchleins für sich eine neue Möglichkeit entdecken, Ihr Leben für immer finanziell abzusichern. Lesen Sie aber nur weiter, wenn Sie daran interessiert sind, Ihr Leben zu verbessern. Die Erklärungen über das Network-Marketing sind bewusst auf das Wichtigste beschränkt. Alles andere wäre nur zu ausschweifend. Ich will, dass Sie Erfolg haben und nicht erst einen Roman lesen müssen. Ich werde also schnell zum Thema kommen. Jetzt wünsche ich viel Spaß beim Lesen.

Was für Ziel und Wünsche haben Sie?

Bevor Sie jetzt dieses Buch lesen, schauen Sie doch zuerst einmal, was Sie für Ziele und Wünsche haben. Sie können sich die Fragen auch nach dem Lesen des Buches beantworten. Denn das Ziel oder der Wunsch wird Ihr Motor sein:

-- Zusätzliches Einkommen?
-- *Finanzielle Unabhängigkeit?*
-- *Eigenes Geschäft?*
-- *Mehr Freizeit?*
-- *Persönlichkeitsentwicklung?*
-- *Andere unterstützen?*
-- *Neue Menschen kennen lernen?*
-- *Altersvorsorge?*
-- *Mehr Gesundheit?*
-- *Vererbbarkeit des Geschäftes?*
-- *Zeit für die Familie?*

Sie haben noch andere Ziele und Wünsche?

Schreiben Sie Ihre Ziele und Wünsche auf und mit der Hilfe dieses Buches zeige ich Ihnen, wie Sie das erreichen können.

Das Network-Marketing

Das Network-Marketing ist eine besondere Form des Direktvertriebes, welches für das 21. Jahrhundert die beste Möglichkeit zeigt, Ihr Einkommen selber zu bestimmen. Alle Produkte gelangen direkt vom Hersteller zum Endverbraucher, also direkt zu Ihnen als Kunden. Der Vorteil dieses Geschäftes ist es, dass es hier keine Hierarchien oder kein Konkurrenzdenken gibt. Das Network-Marketing bietet eine gerechte Art der finanziellen Entlohnung. In dieser Branche wird es in Zukunft ein ständiges Wachstum geben. Network-Marketing hat das Ziel, zufriedene Kunden zu haben, damit diese die Produkte auch weiter empfehlen können. Daher sind im Allgemeinen die Produkte auch meistens qualitativ deutlich höher, als im herkömmlichen Einzelhandel. Der Grund ist, dass der Hersteller viel mehr Geld in die Entwicklung seiner Produkte stecken kann. An den folgenden graphischen Darstellungen werden Sie auch genau erkennen, warum der Hersteller dies kann. Die Produkte von Network - Unternehmen finden Sie nicht im Einzelhandel. Der klassische Vertriebsweg ist einfach nicht mehr rentabel und zeitgemäß. Sehen Sie sich nun die nächsten beiden Abbildungen an, damit Sie den Vorteil von Network-Marketing erkennen.

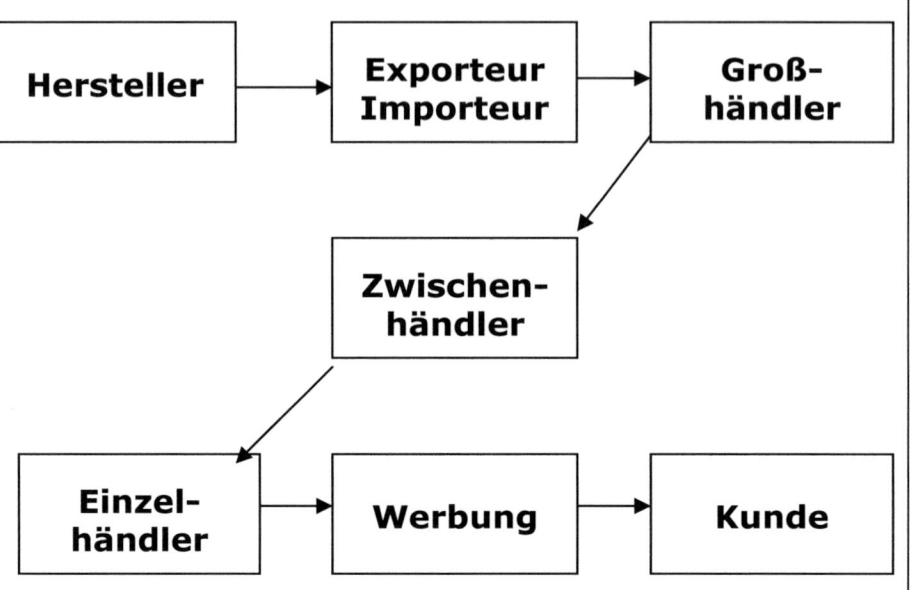

Die obere Graphik zeigt den herkömmlichen Vertriebsweg, welcher natürlich durch die vielen Zwischenstationen sehr teuer geworden ist. Damit der Kunde aber nicht so viel bezahlen muss, bekommt der Hersteller im Durchschnitt nur 10 Prozent von dem Verkaufspreis. Ein weiteres Problem für den Hersteller ist es, dass die Preise oft nur noch von den Groß- bzw Zwischenhändlern diktiert wird.

Nun kommen wir zu dem Vertriebsweg des Network-Marketing:

Hier können Sie eindeutig den Vorteil gegenüber dem klassischen Vertriebsweg erkennen.
Es gibt für den Hersteller keine Kosten für Marketing, Werbung, Großhandel, Zwischenhandel und Einzelhandel. Dieses Geld gibt das jeweilige Networkunternehmen an die selbständigen Vertriebspartner weiter. Network-Marketing wird heute umgangssprachlich auch Empfehlungsmarketing genannt. Menschen, die von einem Produkt überzeugt sind, empfehlen es gerne anderen weiter. So entstehen mit der Zeit so genannte Großhandelsnetzwerke, wobei alle Vertriebspartner ein Leben lang Provisionen bekommen. Der Vertrieb im Network-Marketing entsteht also durch die Vernetzung von immer neuen Vertriebspartnern.
Jetzt höre ich viele Menschen schon wieder schreien. Das ist doch ein SCHNEEBALLSYSTEM. Dann muss ich Sie glücklicherweise enttäuschen. Dieses beruht, wie vorhin schon kurz angedeutet auf mangelnder Information und einer Reihe von Vorurteilen. Schneeballsysteme sind illegal und nicht erlaubt.
Das hat aber nichts mit Network-Marketing bzw. Multi-Level-Marketing zu tun. Die so genannte Baumstruktur ähnelt zwar einem Schneeballsystem,

das ist aber auch alles. Jede Firma hat eine Baumstruktur. Oben fängt alles mit dem Chef an, danach folgen eventuell Prokuristen bzw. Stellvertreter. Im Anschluss folgen zum Beispiel die Angestellten und darunter kommen oft Reinigungskräfte usw.

Im Network-Marketing haben Sie einen Teamführer, dann so eine Art Schlüsselperson. Sie haben Kunden, welche nur die Produkte nutzen sowie Partner, die andere Menschen für dieses Geschäft begeistern können. Was sind denn eigentlich die Hauptaufgaben eines Vertriebspartners?

Die Hauptaufgaben eines selbständigen Vertriebspartners sind:

1. Die Produkte werden selber benutzt, weiterempfohlen und weiter verkauft.
2. Es wird die Geschäftsidee weiterempfohlen.
3. Er kümmert sich und coacht Vertriebspartner.

Hieraus ergeben sich zwei Einkommen:

1. Aus dem Verkauf von Produkten.
2. Aus den Provisionen für die Umsätze der Vertriebspartner.

Sie sehen also, dass jeder Vertriebspartner so etwas wie eine kleine Firma ist. Der Vorteil ist jedoch, dass es keinen Druck gibt, keine Angst, kein Mobbing usw. Hier ist es sogar so, dass Sie sich für Ihre Vertriebspartner freuen, wenn diese Sie in Ihrer Stufe aufholen oder sogar überholen. Denn Sie verdienen natürlich weiterhin durch diesen Partner.

So, damit Sie auch das richtige Network-Marketing finden, ist im nächsten Kapitel eine Tabelle, woran Sie ein Schneeballsystem erkennen und was das Network-Marketing ist.

Das Schneeballsystem

Bei einem Schneeballsystem ist der Ausgangspunkt oder die Führung nicht bekannt. Oft gibt es keine Produkte. Sie erhalten nur Geld dafür, dass Sie Menschen in das System bringen. So eine Art von Systemen sind kurzlebig. Wie bereits gesagt, sind diese Systeme verboten. Wenn Sie so etwas mitbekommen, sollten Sie sich gleich an die Presse wenden.

Schneeballsystem	Network-Marketing
Meist kein Produkt oder ein Produkt ohne Nutzen oder Nachfrage, Lizenzgebühr	Produkte mit Nutzen und Nachfrage
Produkte werden von der nächsthöheren Ebene bezogen und von Stufe zu Stufe mit Gewinn weiter verkauft	Produkte werden direkt vom Hersteller bezogen, für alle Ebenen zum gleichen Preis
Provision für das Anwerben neuer Vertriebspartner (Kopfprämie), der Verkauf ist Nebensache	Provision nur für Produktumsatz

Überholen übergeordneter Teilnehmer ist nicht möglich	Überholen übergeordneter Vertriebspartner ist möglich
Hoher finanzieller Einsatz, Vertragsstrafen, Mindestabnahme, teure Kurspakete	Überschaubarer finanzieller Einsatz ohne Risiko. Startpreis maximall um die 100 Euro
Zeitpunkt des Einsteigens ist wichtig, für die Positionierung	Zeitpunkt des Einsteigens ist unwichtig
Kurzlebig	Langfristig
Die Letzten in der Kette gehen in der Regel leer aus	Gleiche Chance wie jeder Vertriebspartner. Alle sind gleichgestellt

Richtiges Network-Marketing

Bei einem richtigen seriösen Network-Marketing schließen Sie direkt mit dem Networkunternehmen einen Vertriebspartnerantrag ab. Dadurch haben Sie die Möglichkeit günstiger einzukaufen und das Geschäft weiterzuempfehlen. Es besteht keine Pflicht, monatlich Produkte zu kaufen. Es wird auf eine Gewerbeanmeldung hingewiesen, denn alles ist beim Finanzamt anzugeben. Es gibt auch keine Verpflichtung neue Partner zu werben. Jeder Vertriebspartner kauft die Produkte, um sie selber zu nutzen und weiter zu verkaufen. Provisionszahlungen erfolgen immer nur direkt vom Networkunternehmen und nicht zwischen den Vertriebspartnern.

Das Wichtigste ist jedoch, dass bei seriösen Network -Firmen immer die Möglichkeit besteht, Produkte zurück zugeben, gegen den Erhalt des Kaufpreises. Jetzt haben Sie das Wesentliche zum Network-Marketing gelesen. Jetzt kommt ein zentrales Kapitel für jeden Neuling.

Worauf sollte ein Anfänger im Network – Marketing achten?

Jeder der im Network-Marketing neu anfängt, lässt sich gerne von anderen negativ beeinflussen. Sie lassen sich verunsichern oft durch Menschen, die gar keine Erfahrung mit Selbständigkeit und Network-Marketing haben. Sie erzählen einfach dass, was Sie gehört haben, ohne es zu hinterfragen. Jeder wird Ihnen Ratschläge geben wollen, denn wenn Sie das Geschäft jemanden vorstellen, will dieser schon genau wissen, dass es nicht funktioniert. Er weiß es doch besser. Wenn Sie einen neuen Vertriebspartner - Interessenten haben, machen Sie dann einen Termin mit dieser Person und nehmen die Person mit, welche Ihnen das Geschäft empfohlen hat (Diese Person nennt sich SPONSOR).
Dieser Sponsor kennt sich in diesem Geschäft schon aus. Sie würden ja auch keinen Fleischer um Rat fragen, wenn Sie sich einen neuen Fernseher kaufen wollen. Da fragen Sie auch jemanden, der sich mit Fernsehern auskennt.
Umgeben sie sich mit Menschen, die das, was Sie erreichen wollen, schon erreicht haben.

Da jedoch viele Menschen schon so negativ beeinflusst sind, gibt es jetzt so etwas, wie eine positive Gehirnwäsche. Dies gilt auch für Menschen die gerne im Network-Marketing arbeiten wollen, aber eine gewisse Art von Hemmungen haben.

Positive Gehirnwäsche ist vielleicht nicht der richtige Ausdruck, es trifft aber den Punkt.

Ich bin der Begründer der Meridian - Klopfpunkt-Therapie und habe oft Menschen mit Ängsten, Zwängen, Wut, Ärger, Sorgen usw. behandelt, welche durch den negativen Einfluss der Medien, Politik, Familie aber natürlich auch durch ein Traumata entstanden ist. Dies ist eine negative Gehirnwäsche. Ich nenne es Gehirnwäsche, weil es bei der Person im Gehirn und im Morphischen Feld gespeichert ist. Auf das Morphische Feld werde ich in diesem Buch nicht eingehen. Es würde den Rahmen sprengen und ist für Ihren Erfolg mit diesem Buch nicht relevant. Doch diese negative Gehirnwäsche besser gesagt negative Speicherung, lässt sich in den meisten Fällen innerhalb von ein bis zwei Stunden für immer auflösen. Nehmen wir zum Beispiel einmal die Angst vor Spinnen. Diese Angst ist in der Regel unbegründet. Die Menschen haben schon Angst, wenn sie eine Spinne nur im Fernsehen sehn. Durch diese Klopftherapie lässt sich oft in 30 bis 40 Minuten diese Angst bzw. Phobie für immer auflösen. Diese Angst oder der Glaube Angst vor Spinnen zu haben war also nicht echt. Sie hatten diese Angst, weil vermutlich Ihnen in der Kindheit gesagt wurde, Spinnen sind eklig und giftig. Das haben Sie einfach geglaubt. Das war jetzt nur ein Beispiel einer negativen Beeinflussung.

Genauso ist es mit dem Network - Marketing, für Skeptiker aber auch für Diejenigen, welche gerne im Network-Marketing arbeiten wollen, es sich aber nicht zutrauen. Bei diesen Menschen sind negative Gedanken gespeichert. Dieses Buch ist vor allem für die Menschen geeignet, die gerne Network-Marketing machen wollen, es sich aber nicht zutrauen und für Networker, die sich verbessern wollen. Sie können diese negative Speicherung durch die Klopfakupunktur auflösen. Es ist aber auch für die Skeptiker, damit den Skeptikern die Augen geöffnet werden.

Die Entstehung von Glaubenssätzen

Wie Sie im letzten Kapitel gelesen haben, sind viele negative Speicherungen oder auch Glaubenssätze eher zufällig entstanden. Womöglich hat es ausgereicht, dass Personen, die in Ihrer Entwicklung eine wichtige Rolle gespielt haben, Ihnen Lebensweisheiten mit auf den Weg gegeben haben. Vielleicht hat es auch schon ausgereicht, dass Sie nur die Menschen um sich herum beobachtet haben. Hieraus haben Sie sich dann eine Meinung gebildet bzw. es ist ein Glaube entstanden. Schauen Sie doch einmal bei sich selber nach.

1. Wer waren die drei oder mehr Menschen, die Sie bis zu Ihrem 18. Lebensjahr am stärksten beeinflusst haben (Mutter, Vater, Freunde, Verwandte, Vorbilder, Lehrer, Ausbilder ...)?
Schreiben Sie es auf.

---

2. Wer beeinflusst Sie heute am stärksten? Wer verbringt mit Ihnen die Zeit (Partner, Freunde ...), beeinflusst Sie am Meisten.

---

3. Was verbinden diese Menschen mit Network-Marketing oder Geld? Wie sind Sie mit Geld umgegangen? Was für Ratschläge haben sie Ihnen gegeben?

Natürlich haben es die meisten Menschen gut mit ihnen gemeint. Sie konnten Ihren Eltern in den meisten Fällen glauben, wenn sie gesagt haben:
→ Du sollst es einmal besser haben als wir.

Allerdings nicht viel besser, denn Ihr Erfolg wäre ein Beweis des Versagens Ihrer Eltern. Dies geschieht oft unbewusst.

Also eine objektive Realität oder Ansicht gibt es nicht. Spätestens seit Einstein wissen wir, dass der Betrachter seine Realität erschafft Das, was wir sehen, existiert nur so, weil wir es so sehen. Auch mein Buch existiert für Sie nur so, wie Sie es lesen und verstehen wollen. Wenn Sie also wie gesagt, Ihrer Realität selber schaffen, wie viel leichter können Sie dann ihre Glaubenssätze schaffen? Sie haben bereits öfter in Ihrem Leben Ihre Einstellung (Glaubenssätze) geändert. Sie haben sich in jemanden verliebt und wieder getrennt. Sie haben Kleidungsstücke oder Musik gemocht und später hat es ihnen nicht mehr gefallen. Sie können also Ihren Glauben ändern und sind trotzdem noch Sie selbst.

Was auch immer sie glauben, bestimmt Ihre Situation. Ein Glaube entwickelt sich aus Meinungen und Erfahrungen (Erfahrungen, die die Meinung bestätigen).

Hier ist mal ein Beispiel:

Eine Person hat zum Beispiel versucht mit Aktien Erfolg zu haben. Diese Person hat es zwei- bis dreimal versucht und hat dabei aber nicht auf die Regeln geachtet. Natürlich hat er alles verloren und bildet jetzt die Meinung → Er habe Pech mit Aktien.

Jetzt sucht er sich Menschen, die auch schlechte Erfahrungen gemacht haben. Diese Person versucht jetzt seine eigene Meinung, mit anderen Erfahrungen zu bestätigen. Je mehr schlechte Erfahrungen er findet, desto mehr entwickelt sich bei Ihm der Glaube, Aktien sind schlecht. Und so läuft es leider oft mit vielen anderen Glaubenssätzen.

So, bevor es jetzt an das Auflösen von "negativen Glaubenssätzen" geht, noch ein Tipp: Wenn Sie in einer Sache keinen Erfolg haben, suchen Sie nicht Menschen mit gleicher Erfahrung, sondern fragen die Menschen, die bereits Erfolg haben. Dann entwickeln Sie einen positiven Glauben und werden Erfolg haben.

Negative Glaubenssätze, Ängste und Zweifel auflösen

Was ist denn eigentlich das Hauptproblem von Network Neulingen oder Networker, die nicht vorwärts kommen?

- Sie haben Angst etwas falsch zu machen
- Sie haben Angst von Ihren Freunden blöd angemacht zu werden
- Ich kann nicht telefonieren
- Mein Glaube, spreche nicht mit fremden Menschen
- Meine Angst, mit fremden Menschen zu sprechen
- Meine Angst zu telefonieren
- Ich traue mich nicht Jemanden anzusprechen
- Ich habe ein ungutes Gefühl
- Man hat mir gesagt, dass ist alles nur Abzocke
- Man hat mir gesagt, dass ist doch alles ein Schneeballsystem

- Ich kenne Bekannte, die das schon mal versucht haben und keinen Erfolg hatten
- Ich kann so etwas nicht
- Das ist nichts für mich
- Ich kann nicht verkaufen
- Ich kriege das alleine nicht hin
- Mein Glaube, dass ich hierfür zu dumm bin
- Ich habe Angst vor Zurückweisung
- Ich kann mit einem Nein nicht umgehen
- Die Anderen sind doch alle besser als ich
- Man hat mir gesagt, dass funktioniert nicht
- Hier verdienen nur die Oberen
- Die Produkte taugen nichts, die bekommst Du im Einzelhandel viel günstiger

Ich habe jetzt nur eine kleine Liste der eventuellen Gedanken und Glaubensmuster aufgeschrieben, welche bei den Menschen gespeichert sind.
Wenn Sie jedoch jeden einzelnen Satz genau hinterfragen, werden Sie feststellen, dass keiner den Tatsachen entspricht. Es sind alles negativ gespeicherte Glaubensmuster, welche nur entstanden sind, weil andere Menschen Ihnen das gesagt oder Sie es gelesen haben. Sie wissen jedoch, dass vieles, was in der Zeitung und im Internet steht, nicht immer der Wahrheit entspricht. Es sei denn, Sie glauben zum Beispiel jedes Wort eines Politikers.
Doch was können Sie jetzt tun, damit Sie Erfolg im Network-Marketing aber auch in jedem anderen Beruf haben? Sie können sich die Meridian – Klopf-

punkt – Therapie (Abgekürzt: MKT) zur Hilfe nehmen und Ihre Probleme auflösen. Wie Sie das genau machen, werde ich Ihnen jetzt zeigen. Zuerst erkläre ich Ihnen MKT, und im Anschluss zeige ich Ihnen an dem Beispiel einer Angst, wie Sie MKT für Ihre negativen Glaubensmuster und Ängste einsetzen.

Was ist die
Meridian – Klopfpunkt – Therapie?
(MKT)

Die Meridian – Klopfpunkt – Therapie hat ihren Ursprung in der Akupunktur. Es ist auch eine Form der Akupunktur, jedoch ohne Nadeln. Hier werden mit den Fingerspitzen bestimmte Meridianpunkte leicht beklopft. Gearbeitet wird hier überwiegend mit Emotionen. Hierdurch wird eine Befreiung von Ängsten, Ärger, Phobien, Stress und anderen emotionalen Themen sowie Traumata und deren Nachwirkungen dauerhaft ermöglicht. Die Klopftechnik selber wurde von Dr. Roger Callahan durch einen Zufall entdeckt. Dr. Callahan hat erkannt, dass die Ursache für jedes belastende Gefühl zu einer Unterbrechung im Energiesystem des Körpers führt. Die Meridian – Klopfpunkt – Therapie kurz MKT, basiert neben der Akupunktur auf den Forschungsergebnissen und der Praxiserfahrung von Dr. George Goodheart, dem Vater der Kinesiologie, Dr. John. Diamond (Psychokinesiologie, Gehirnhälftenforschung), Dr. Callahan, dem Entdecker der Gedankenfeld-Technik (TFT), seinen Schülern Gary Craig (Emotional-Freedom-Technique = EFT) und Dr. Fred. Gallo (Energetische

Psychologie). Eine Studie der Florida State University weist die Methode der energetischen Psychologie als eine der effektivsten modernen Ansätze u. a. für die Auflösung emotionaler Stress-, Konflikt- und Belastungsstörungen aus.

MKT – der Ablauf in Kurzform

Bei einer **Sitzung mit MKT** wird zunächst in einem Gespräch bzw. bei einer Selbstbehandlung das belastende Thema herausgearbeitet. Der Teilnehmer stimmt sich dann gefühlsmäßig auf sein bzw. das Thema (z. B. Angst) ein. Während mit den Fingerspitzen bestimmte Punkte auf den Meridianen beklopft werden, wiederholt der Teilnehmer das belastende Thema. Dadurch werden energetische Blockaden aufgelöst und emotionaler Stress durch Entspannung bzw. inneren Frieden ersetzt. Bei MKT muss man die Ursache des Problems im Allgemeinen nicht kennen, noch muss man das emotionale Leiden wieder durchleben.

Im jetzt folgenden Kapitel komme ich nun zur kompletten Beschreibung einer MKT– Anwendung.

Ablauf einer MKT — Anwendung

Vorgehensweise:

Schritt 1: Thema auswählen

Suchen Sie sich ein Thema heraus, welches Sie schnell überprüfen können. Nehmen Sie, wie empfohlen eine Angst.
Jetzt versuchen Sie den Wert auf der Skala von Null bis Zehn einzuordnen. Null bedeutet, z. B, dass keine Angst mehr vorhanden ist, wobei Zehn das Maximum wäre. Wenn Sie sich zum Beispiel für den Satz „ Meine Angst zu telefonieren" entschieden haben, schreiben Sie Ihn auf.
→ Meine Angst zu telefonieren.
Jetzt haben Sie also Ihren Satz und können Ihn auf einer Skala wie oben beschrieben bewerten.

Schritt 2:
Gehirnatemausgleichsübungen

Als zweiten Punkt machen Sie jetzt zwei Atemvorübungen (Gehirnbalanceübung).
Setzen Sie sich auf einen Stuhl oder Sessel und die Beine halten Sie parallel. Die rechte Handfläche wird auf die Stirn gelegt und die linke Handfläche legen Sie auf den Hinterkopf (Abbildung 1. Seite 30). Nun atmen Sie fünf bis sechs mal entspannt ein und aus. Jetzt gehen wir sofort zur zweiten Atemübung (Abbildung 2. Seite 31) über, diese wird üblicherweise im Sitzen ausgeführt, kann aber genauso gut im

Liegen oder Stehen angewendet werden. Legen Sie das rechte über das linke Bein. Die Beine sind dabei gestreckt. Mit den gestreckten Armen machen Sie es genau umgekehrt. Nun legen Sie den linken über den rechten Arm. Dann drehen Sie die Handflächen zueinander, falten die Hände und ziehen die gefalteten Arme nach innen, so dass Sie auf dem Brustkorb liegen. Atmen Sie nun durch die Nase ein und legen dabei die Zunge an den oberen Gaumen. Beim Ausatmen durch den Mund lösen Sie die Zunge wieder und sagen leise zu sich das Wort:

→ Ruhe, → inneres Gleichgewicht oder → Balance.
Das machen Sie jetzt ca. zwei Minuten.

Schritt 3: Klopfen der Thymusdrüse

Lösen Sie sich jetzt aus dieser Haltung. Stellen Sie die Füße parallel auf den Boden und klopfen Sie leicht die Thymusdrüse (diese liegt genau in der Mitte Ihres Brustkorbes, siehe Abbildung 3. Seite 33) mit fünf Fingern oder einer leichten Faust.
Während Sie nun leicht klopfen, sprechen Sie bitte folgenden Satz:
→ Ich liebe und glaube, vertraue, bin dankbar und mutig.
(Satz von Rainer Franke aus der MET nach Franke® oder aus der EFT, da ich es aus beiden Systemen kennen gelernt habe)
oder → Ich bin toll, mutig und phantasiereich oder
→ Ich bin frei und glücklich.

Nehmen Sie den Satz, welcher Ihnen am meisten zusagt. Wiederholen Sie diesen Satz fünf- bis zehnmal.

Schritt 4: Satz Ihres Hauptthemas

Massieren Sie jetzt mit der rechten Handfläche den Herzpunkt oder klopfen den Handkanten-Punkt (Punkt 15. Siehe Abbildung 3. Seite 33) und sagen dabei folgenden Satz dreimal, welchen wir gerade erarbeitet haben, in folgender Form.
→ Obwohl ich Angst habe zu telefonieren, liebe und akzeptiere ich mich so wie ich bin.
Im Anschluss dreimal den Satz:
→ Obwohl ich es nicht verdient habe, diese Angst zu verlieren, liebe und akzeptiere ich mich so wie ich bin.

Schritt 5: Punkte klopfen

Jetzt klopfen Sie jeden Punkt, wie auf der Seite 33. Abbildung 3 gezeigt und beginnen am Stirnpunkt (SP). Auf welcher Seite Sie dann klopfen, spielt keine Rolle.
Für das Klopfen nehmen Sie den Zeige- und Mittelfinger. Sie klopfen jeden Punkt mindestens zehnmal. Bei jedem Punkt wiederholen Sie den Satz → Meine Angst zu telefonieren.

Schritt 6:
Kinesiologische Handrückenserie

Wenn Sie alle Punkte geklopft haben, kommt zum Abschluss der Handrückenpunkt (HR).
Sie klopfen jetzt diesen Punkt die ganze Zeit, während Sie Folgendes machen:
→ Schließen Sie Ihre Augen
→ Öffnen Sie die Augen
→ Halten Sie den Kopf gerade und schauen Sie nun nur mit den Augen scharf nach unten rechts, dann scharf nach unten links.
Richten Sie Ihre Augen wieder geradeaus und malen mit Ihren Augen zwei Kreise in eine Richtung und danach in die andere Richtung.

Achtung: Immer noch den HR-Punkt leicht klopfen.

→ Augen wieder geradeaus richten und eine Melodie summen (z. B. Happy Birthday).
→ Mit dem Summen aufhören und laut von fünf auf null zählen.
→ Jetzt nochmals Summen und zum Schluss tief ein- und ausatmen.

Fertig.

Jetzt überprüfen Sie nochmals Ihren Skalenwert.
Hat sich der Wert verändert? Liegt der Wert noch nicht bei Null, klopfen Sie noch mal alle Punkte wie beschrieben sowie die Zusatzklopfpunkte. Ist jetzt ein neuer Aspekt aufgetreten, zum Beispiel die Wut auf sich selber, dass man sich nicht zu telefonieren traut, dann klopfen Sie diese Wut nach dem gleichen Schema.

Mögliche Reaktionen

Ich möchte Sie noch darauf hinweisen, dass beim Klopfen verschiedene Reaktionen auftreten können:
→ Sie vergessen den Satz während des
   Klopfens
→ Sie fangen an zu weinen (weiter klopfen, bis Sie
   sich besser fühlen)
→ Sie fangen an zu lachen
→ Sie müssen gähnen
Das sind alles Anzeichen, dass sich Ihr Problem auflöst bzw. reduziert oder sich verändert.
Es sind also ganz normale Reaktionen.
Eine weitere Reaktion, welche selten vorkommt, sind körperliche Symptome nach dem Auflösen der Emotion.
Zum Beispiel Rückenschmerzen, Schwindel, Kopfschmerzen, Bauchschmerzen usw.
Diese klopfen Sie dann mit dem entsprechenden Satz:
→ Meine Rückenschmerzen oder
→ Meine Bauchschmerzen oder ...
bis es wieder weg ist.

Jetzt haben Sie die MKT– Anwendung mit ihren möglichen Reaktionen kennen gelernt.
Auf den folgenden Seiten ist der Ablauf noch einmal in Bildern dargestellt (diese haben Sie sich vermutlich schon angeschaut), sowie eine komplette Zusammenfassung der Meridian – Klopfpunkt – Therapie - Anwendung.
Ich hoffe, dass Sie bisher alles verstanden haben. Wenn nicht, lesen Sie einfach den Abschnitt → MKT – Anwendung noch einmal.

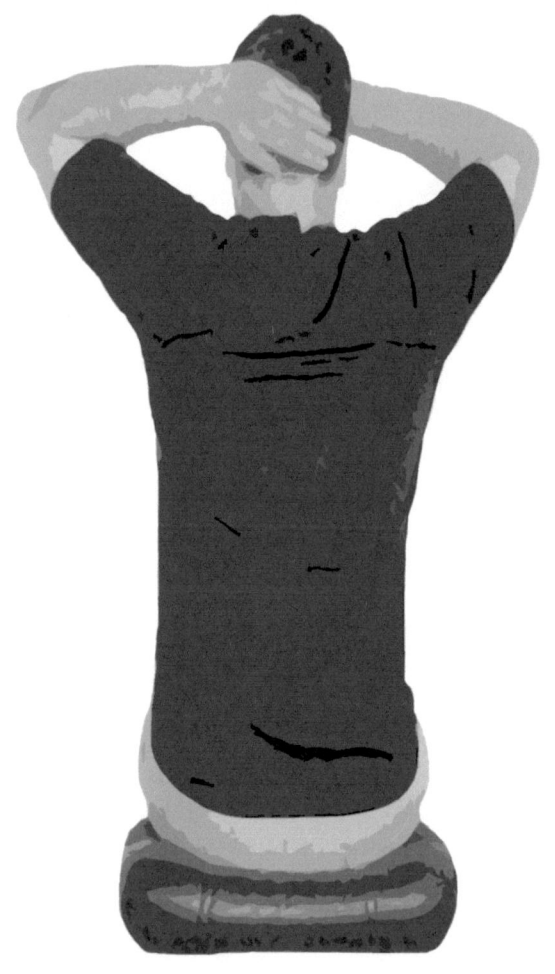

Abbildung 1:

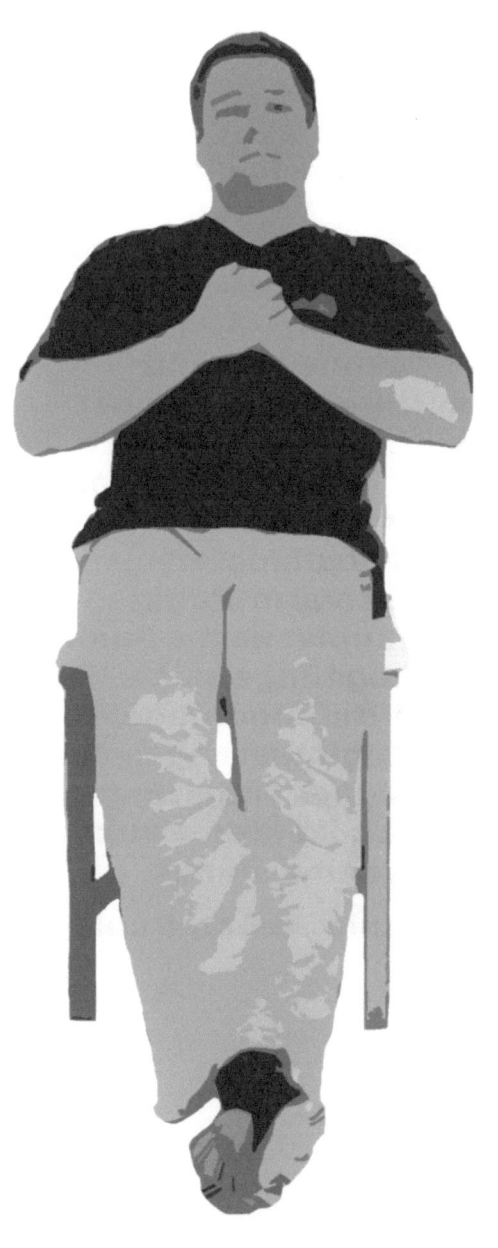

Abbildung 2:

31

Die Punkte und Ihre Zuordnung

TD = **Thymusdrüse**
HP = **Herz-Punkt**
HR = **Handrücken-Punkt**

1 SP = **Stirn-Punkt (Drittes-Auge)**
2 AB = **Augenbrauen-Punkt**
3 SA = **Seitlicher Augen-Punkt**
4 JB = **Jochbein-Punkt**
5 UN = **Unter Nasen-Punkt**
6 UL = **Unterlippen-Punkt**
7 SB = **Schlüsselbein-Punkt**
8 UB = **Unterbrust-Punkt**
            (Selbstklopfer)
9 UA = **Unterarm-Punkt**
10 DP = **Daumennagel-Punkt**
11 ZF = **Zeigefingernagel-Punkt**
12 MF = **Mittelfingernagel-Punkt**
13 RF = **Ringfingernagel-Punkt**
14 KL = **Kleiner Fingernagel- Punkt**
15 HK = **Handkanten-Punkt**
16 SP = **Scheitel-Punkt**

17 KN = **Knie Außen-Punkt (rechtes und linkes Knie)**

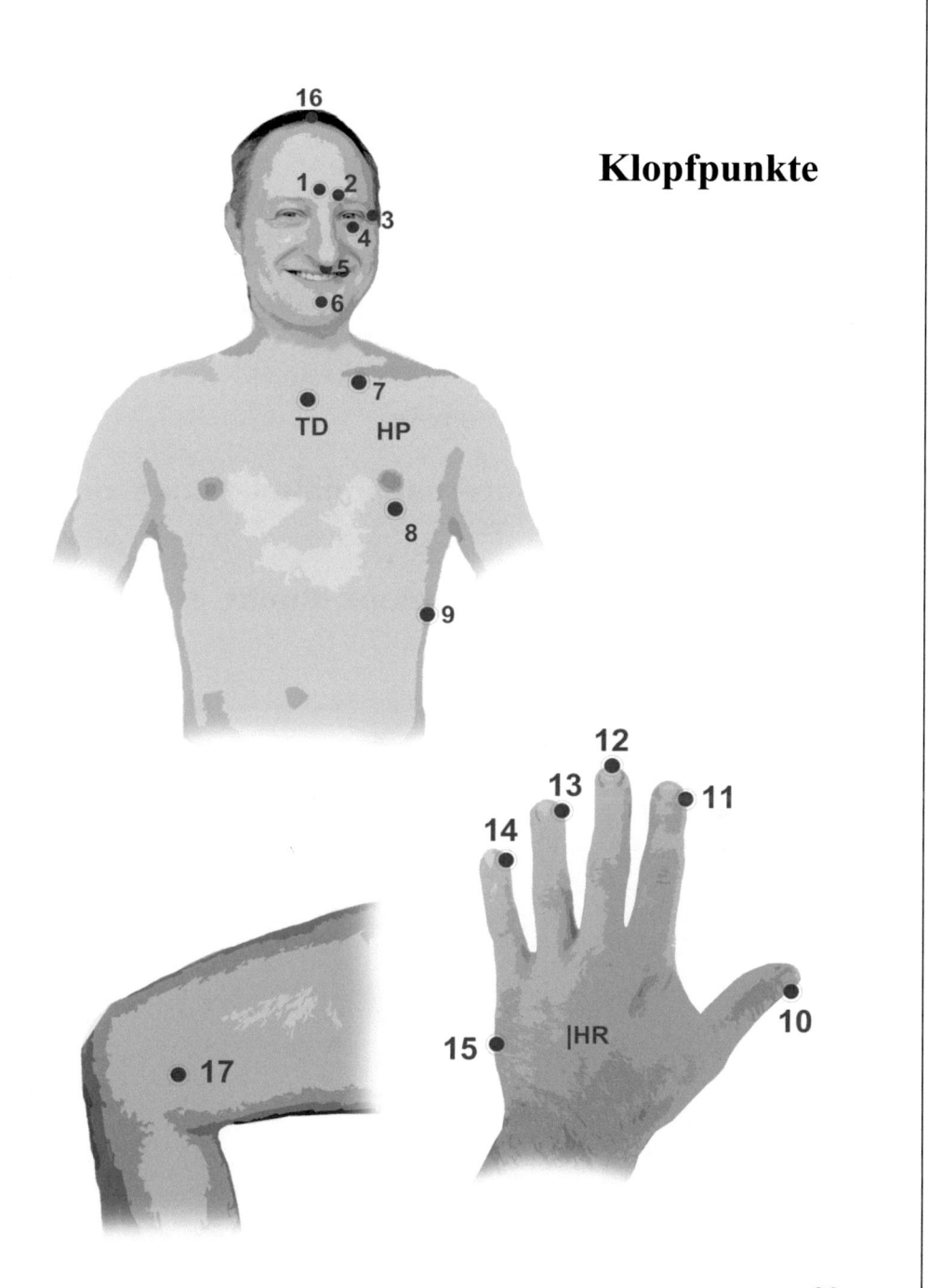

Klopfpunkte

Zuordnung Zusatzklopfpunkte

Diese Punkte sind aus der Lichtbahnen-Therapie von Trudi Thali. Sie ergänzen die Klopftherapie sehr gut, zählen aber nicht zum eigentlichen Klopfdurchgang.
Die Zusatzklopfpunkte benutzt man nach Gefühl, also intuitiv, oder wenn Sie mit einem Rest des Problems arbeiten.

Punkte von 11a bis 14a sowie

Punkt 18 UB = Unterbauchnabel-Punkt oder Suchtpunkt

Punkt 19 HG = Handgelenk-Punkt (fast alle Handmeridiane)

Zusatzklopf-punkte

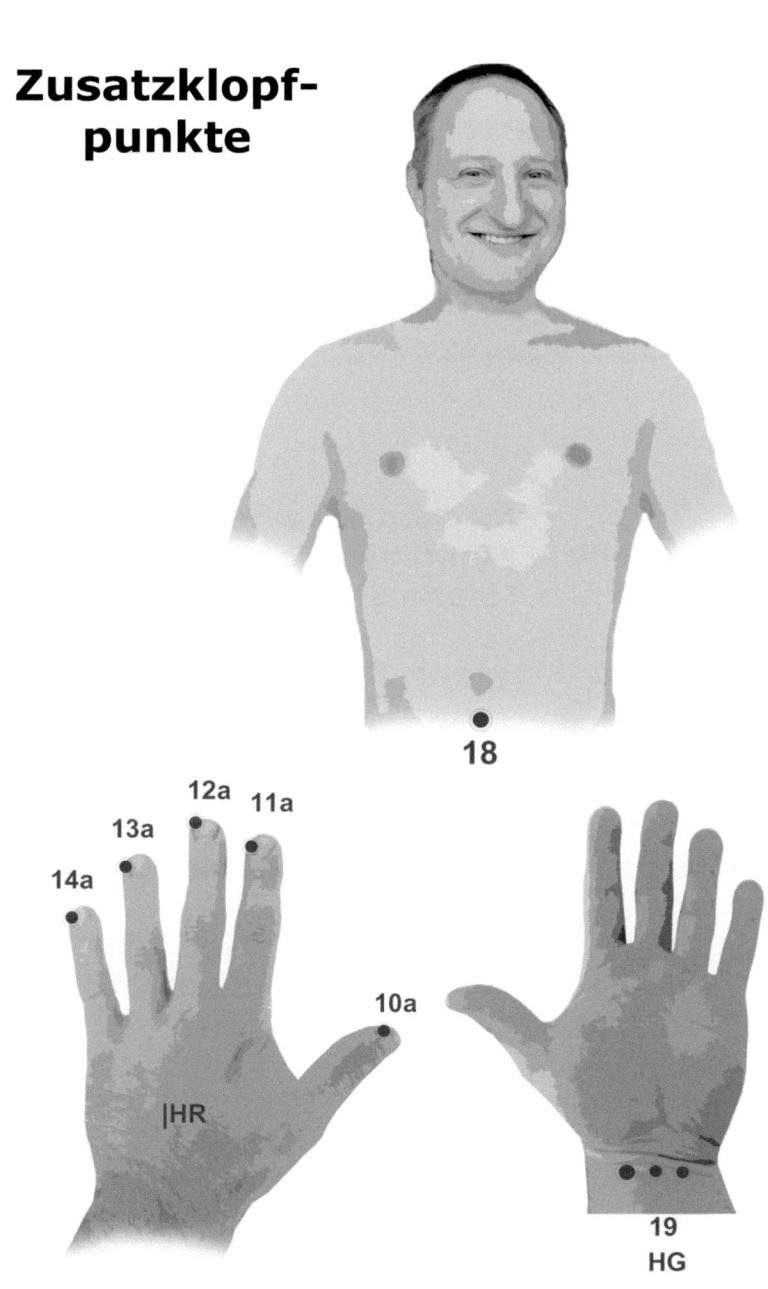

Abbildung 4:

Kompletter - Anwendungsablauf

Benennen Sie zuerst das Problem
(z. B. meine Angst zu telefonieren).

Wert des Problems auf einer Skala von Null bis Zehn einschätzen:
0 = gar keine Angst
10 = maximaler Grad der Angst.

Ihr Wert = _____

Machen Sie zwei
Gehirn-Atemausgleichsübungen
(Siehe Seite 24).

Thymusdrüse klopfen: Sprechen Sie folgenden Satz siebenmal laut.
→ Ich liebe und glaube, vertraue, bin dankbar und mutig.

Massieren Sie nun den Herzpunkt im Uhrzeigersinn
(oder Handkantenpunkt klopfen)
und sprechen Ihr Problem aus.

→ Obwohl ich ....
(z. B. diese Angst vorm Telefonieren habe), liebe und akzeptiere ich mich so wie ich bin. Wiederholen Sie den Satz dreimal.

→ Obwohl ich es nicht verdient habe, ... (z. B. diese Angst vorm Telefonieren zu verlieren), liebe und akzeptiere ich mich so wie ich bin.
Bitte auch dreimal wiederholen.

Jetzt klopfen Sie alle 17 Punkte:

Bei jedem Punkt sprechen Sie jetzt Ihr Thema aus und klopfen dabei (z. B. Meine Angst vorm Telefonieren).

Zur weiteren Stressreduzierung:

Klopfen Sie nun den Handrücken-Punkt.
Während Sie nun klopfen machen Sie Folgendes:

- Augen schließen
- Augen auf und geradeaus schauen
- nur mit den Augen: scharf nach unten rechts und dann nach unten links schauen
- mit den Augen zwei große Kreise machen, zweimal rechtsherum und zweimal linksherum
- summen Sie eine Melodie (z. B. Happy Birthday)
- zählen Sie laut von fünf auf null
- und noch einmal summen
- atmen Sie tief ein und aus. Fertig!

Wo liegt nun Ihr Skalenwert? _____

Wenn Sie noch nicht auf den Zahlenwert bei Null angelangt sind, wiederholen Sie bitte den Ablauf.

Beginnen Sie nund am Herzpunkt:

→ Obwohl ich noch ein bisschen (z. B. Angst, vor dem Telefonieren) habe, liebe und akzeptiere ich mich so wie ich bin.

Klopfen Sie alle Punkte sowie die Zusatzpunkte bis Ihr Wert auf NULL ist.

So, in diesem Kapitel „Kompletter - Anwendungsablauf", können Sie jetzt einfach Ihr Problem einsetzen, bis das Problem aufgelöst ist. Denken Sie aber daran, wenn zum Beispiel ein Aspekt, wie die Angst vor dem Telefonieren weg ist, dass eventuell neue Aspekte auftauchen. Diesen Aspekt klopfen Sie dann auch wieder weg.
Machen Sie sich jetzt also eine Liste und schreiben Ihre Ängste, Probleme, Zweifel usw. über das Network-Marketing auf, um diese dann nach und nach aufzulösen. Auf Seite 20 hatte ich Ihnen bereits schon ein paar Sätze genannt, vielleicht sind da ja schon Themen für Sie dabei.
Jetzt folgen noch ein paar Tipps, wie Sie Ihren Erfolg weiter steigern können.

Die zwei größten Fehler

Der erste große Fehler ist, wenn Sie auf Ihre Freunde und Bekannten hören, die Ihnen sagen, dass man mit Network-Marketing kein Geld verdienen kann. Diese Menschen haben leider oft gar keine Ahnung was richtiges Network-Marketing ist. Sie denken und glauben, es trotzdem besser zu wissen.
Der zweite große Fehler ist es, zu früh aufzugeben. Viele wollen gleich das große Geld verdienen. Es ist jedoch so, dass man als neuer Vertriebspartner im Network-Marketing lernen muss, dass sich das Einkommen im Empfehlungsmarketing zum Anfang oft sehr langsam aufbaut. Es kann sein, dass man in den ersten drei bis vier Monaten vielleicht kein Geld verdient. Es ist wie einen Samen säen. Sie müssen die noch nicht sichtbare Pflanze trotzdem mit Wasser gießen, damit Sie anfängt zu wachsen. Es liegt auch oft daran, dass Sie bei seriösen Network-Marketing Firmen, die mit Partnergeschäften zusammenarbeiten, eine Punktegutschrift erst nach zwei bis drei Monaten erfolgt, wenn bei einem dieser Partnerfirmen eingekauft wurde. Auch hier haben die Vertriebspartner und Kunden ein Rückgaberecht. Je nach Networkunternehmen wird eine Provision auch nach unterschiedlichen Stufen gezahlt. Daher ist es wichtig zu wissen, dass man Geduld mitbringen muss. Diese Geduld zahlt sich jedoch im Allgemeinen immer aus.
Ich werde Ihnen jetzt ein kurzes Rechenbeispiel geben. Also, wenn Sie einmal bei einem seriösen Network - Marketing angefangen haben, sollten Sie dabei bleiben. Der allergrößte Fehler ist es, wieder

aufzuhören. Wieso, das zeige ich Ihnen jetzt an dem versprochenen Rechenbeispiel.

Das Rechenbeispiel

Das nun folgende Rechenbeispiel lässt sich natürlich nicht zu hundert Prozent auf jedes Network-Marketing übertragen, da jede Firma je nach erreichter Stufe unterschiedliche Provisionen auszahlt. Aus diesem Grund nehme ich einen errechneten Durchschnitt.

Sie sind jetzt Vertriebspartner eines Networkunternehmen und kaufen für 100 € in Ihrem eigenen Geschäft ein. Sie sind jetzt zwei Monate dabei und haben in der Zeit drei Partner gefunden, die das Gleiche tun. Jeder kauft immer nur in seinem eigenen Geschäft ein.

Nach 2 Monaten:

Sie 100 €		
1. Partner 100 €	2. Partner 100 €	3. Partner 100 €

Wenn Sie nun alles zusammenrechnen, haben Sie ein so genanntes Gruppenvolumen von 400 €.
Hiervon bekommen Sie sagen wir mal 3 Prozent.
Dann würden Sie 12 € erhalten. Da Sie als Vertriebspartner immer günstiger in Ihrem eigenem Geschäft einkaufen, können Sie die Produkte die Sie für 100 € eingekauft haben mit Gewinn weiterverkaufen. Sagen wir mal 20 Prozent. Das wären also

20 € . Wenn Sie jetzt die 12 € dazurechen haben Sie also 32 € verdient.

Nun haben Sie selber in den nächsten vier Monaten nicht viel Zeit und finden nur 1 Partner dazu. Die anderen drei Partner haben in den 4 Monaten aber jeweils 3 Partner gefunden, mit denen Sie arbeiten möchten.

Nach 6 Monaten:

Sie kaufen wieder für 100 € ein und Ihre Partner auch			
neuer Partner	1. Partner	2. Partner	3. Partner
	neuer Partner	neuer Partner	neuer Partner
	neuer Partner	neuer Partner	neuer Partner
	neuer Partner	neuer Partner	neuer Partner

Jetzt nach einem halben Jahr haben Sie nun schon ein Gruppenvolumen von 1400 €. Da Ihre Partner gut gearbeitet haben und Sie auch wieder in Ihrem Geschäft eingekauft haben, bekommen Sie jetzt zum Beispiel 5 Prozent. Ihre Partner verdienen jetzt auch schon und haben dadurch Spaß an der Arbeit. Diese 5 Prozent sind jetzt 70 € plus die 20 € wieder aus Ihrem eigenen Verkauf, ergibt eine Summe von 90 €.

Ich habe Ihnen bereits gesagt, dass Sie beim Network-Marketing Zeit und Geduld aufbringen sollten. Denn, wenn Sie jetzt dabei bleiben, dann geht es erst richtig los. Aber sehen Sie selbst. Sie haben also, nach meinem Beispiel oben, jetzt 13 Partner in Ihrem Team in 6 Monaten. Im nächsten

halben Jahr schaffen Sie noch mal das Gleiche und Ihre Partner machen ebenfalls das Gleiche.
Wie sieht es jetzt aus?
Schauen Sie mal:

½ Jahr   13 Partner   ca. 90 €
Nach 1 Jahr
Ihre 13 eigenen neuen Partner
Ihre 13 Partner aus dem ersten Halbjahr
Plus 13 X 13 = 169 Partner neue Partner durch Ihre 13 vorhandenen Vertriebspartner.
Das ergibt zusammen 195 Partner und nur, weil alle das Gleiche gemacht haben.

195 Partner X 100 € = 19500 € Gruppenvolumen

Da Sie jetzt in Ihrer Stufe aufgestiegen sind und Ihre Partner natürlich auch verdienen, bekommen Sie zum Beispiel jetzt schon 10 Prozent vom Gruppenvolumen. Nun liegen Sie bei 1950 € plus wieder Ihrem Eigenverkaufsgewinn von 20 €. Jetzt haben Sie nun ein monatliches Einkommen von 1970 € (Brutto). Dieses Einkommen kann natürlich leicht schwanken, weil jeder mal mehr oder weniger einkauft und natürlich jedes Networkunternehmen unterschiedliche Vorgaben hat.. Doch wenn Ihr Netzwerk einmal steht, bekommen Sie ein Leben lang diese Provision, welches mit den Jahren ständig wächst. Nach 7 bis 10 Jahren haben viele, die dabei bleiben, ein Leben lang zwischen 5000 € und 9000 € monatlich und mehr. Und bei dem Unternehmen, für welches ich Vertriebspartner bin, kann ich dann dieses bestehende Netzwerk an meine Kinder oder Enkel vererben.

Sie sehen also, wenn Sie dabei bleiben, ist Ihre finanzielle Zukunft gesichert. Auch die Ihrer Kinder und Enkel. Sie brauchen nicht mehr die Angst zu haben, dass Sie mit Ihrer Rente später im Leben nicht auskommen.

Dieses Rechenbeispiel ist, wie ich bereits gesagt habe ein Durchschnittswert. Je nach Networkunternehmen sowie vor Allem durch Ihren eigenen Einsatz, kann so eine Einkommensentwicklung auch zwei bis drei Jahre dauern. Aber es gibt zur Zeit keine bessere Zukunftsabsicherung als das Network-Marketing.

Kann jeder Network-Marketing betreiben?

Ja, wenn Sie jetzt also mein Buch soweit gelesen haben, kann es jeder. Sie sollten Network-Marketing am Besten nebenberuflich beginnen. Network-Marketing kann auch unter Umständen vom Arbeitsamt gefördert werden. Ein Hartz IV Empfänger hat laut Auskunft der Arbeitslosenagentur II, kein Anrecht auf eine Förderung (Aktuelle Rechtsprechung). Aber ich kann jedem Menschen, der Hartz IV oder andere Sozialleistungen beziehen muss, dieses Network-Marketing empfehlen, weil hier die Möglichkeit gegeben ist, für immer aus Hartz IV herauszukommen. Ist das für Sie interessant oder wichtig? Für wen ist das Empfehlungsmarketing den noch etwas? Es gibt keine Begrenzungen. Network-Marketing ist etwas für Selbständige, Fach-

und Führungskräfte, Senioren, Rentner, Angestellte und Arbeiter, Frauen und Mütter, Arbeitslose, Ehepaare oder Paare, Studenten und jede Nationalität. Sie brauchen noch nicht einmal einen Schulabschluss. Doch Schreiben, Lesen und Rechnen sollten Sie schon können. Sind Sie bei der Aufzählung auch dabei gewesen? Wenn ja, worauf warten Sie dann noch. Ich werde Ihnen jetzt gleich einmal die wichtigsten Vorteile zeigen, die Ihnen das Network — Marketing bietet.

Ihr Vorteil im
Network — Marketing

Ich werde Ihnen jetzt eine Auflistung der Vorteile im Network - Marketing zeigen:

- Das Geschäft ist einfach
- Freie Zeiteinteilung
- Keine Abnahmeverpflichtung
- Sie sind Ihr eigener Chef
- Mehr Zeit für die Familie
- Sie können jeder Zeit aufhören, das wäre aber nicht klug
- Sie haben fertige Produkte sowie ein fertiges Konzept
- Kein Lizenzgebühren
- Sie können weltweit arbeiten
- Sie arbeiten viel von zu Hause aus
- Sie brauchen keine Angestellten
- Sie haben keine Lagerkosten
- Sie machen eine Persönlichkeitsentwicklung durch Schulungen und Ihrer Sponsoren

- Sie haben mehr Zeit und mehr Geld
- Sie können das Geschäft vererben
- Geringes Startkapital
- Provisionsabrechnung durch das Networkun-
  ternehmen
- Vollzeit und Nebenberuflich ausübbar
- Sehr hohes Einkommen möglich
- Immer wiederkehrendes Einkommen
- Sie werden von einem Team unterstützt
- Es gibt hier keine Wirtschaftskrise
- Qualitativ sehr gute Produkte für Sie und Ihre
  Kunden
- Sie können gesünder leben

So, es mag vielleicht noch mehr Vorteile geben, doch ich denke die Liste zeigt Punkte auf, die auch Sie interessieren wird.

6 einfache Schritte zum Erfolg

1. Wunsch und Ziel formulieren

2. Registrieren Sie sich als Partner

3. Erstellen Sie eine Namensliste und machen Sie Termine

4. Zeigen Sie Menschen das Geschäftsmodell und die Produkte

5. Kaufen Sie in Ihrem eigenen Geschäft ein

6. Nutzen Sie die von Ihrem Networkunternehmen günstig angebotenen Schulungs- und Trainings-Systeme, sowie das Angebot der IHK. Das zur Zeit beste Schulungssystem, ist das von
→ *Network Twentyone*

Auf "N*etwork Twentyone*" kann ich hier aus rechtlichen Gründen nicht eingehen

Die meisten neuen Networker haben ein Problem mit Punkt 3.
Doch jeder Arzt, Einzelhändler oder jede sonstige Firma macht so etwas wie eine Namensliste, um zu sehen ob man sich an einem bestimmten Ort niederlässt. Und wenn Sie mir sagen, Sie kennen keinen, dann glaube ich Ihnen das nicht. Denken Sie daran, dass es jeder machen kann. Schauen Sie selbst, wen kennen Sie? und wer kennt Sie?

Die nun folgende Liste ist sehr lang und jeder wird dadurch jemanden finden, den er kennt. Danach können Sie aber wirklich anfangen.

Wen kennen Sie? Wer kennt Sie?

- Familie / Freunde / Bekannte
- Apotheker / Ärzte / Krankenschwester
- Altenpfleger
- Architekten
- Bäcker
- Bankangestellte
- Bootbauer
- Bundeswehr
- Buchhalter
- Bürokaufleute
- Busfahrer
- Cafe - Besitzer
- Call – Center – Agents / Telefonisten
- Dachdecker
- Einzelhandelsgeschäfte / Lebensmittel usw.
- Elektriker
- Fitnessclub – Besitzer / Mitarbeiter
- Friseure
- Hausmeister
- Heilpraktiker / Heilpraktikerin
- Hebammen
- IT - Dienstleister
- Immobilienmakler
- Kellner
- Kirchenangestellte
- Lotto/Tabakwarengeschäftbeschäftigte

- LKW-Fahrer / Spediteure
- Masseur
- Moderator / Redakteur
- Polizisten
- Piloten / Stewardess / Flughafenangestellte
- Politiker / Bürgermeister / Beamte
- Radio- und Fernsehtechniker
- Reisebürokaufleute
- Rechtsanwälte
- Reinigungskräfte
- Schneider / Reinigung / Schuhmacher
- Schweißer
- Sekretärin
- Steuerberater
- Tankwart
- Tierärzte / Tierpfleger
- Uhrmacher
- Verkäuferin/Verkäufer
- Vermieter
- Werbefachleute / Dekorateure / Maler
- Zahnarzt
- Zeitungsausträger
- Zivildienstleistende

Wie Sie sehen, kann diese Liste fast unendlich fort-
gesetzt werden. Schreiben Sie sich jeden auf, der
Ihnen einfällt. Tragen Sie Namen und Telefonnum-
mer in die Namensliste auf der nächsten Seite ein.

Lfd. Nr.	Name	Telefon	Beruf	Bemerkung

Mit der Hilfe dieser Liste können Sie nun auf jede Fall mit dem Network – Marketing anfangen. Und noch ein Tipp, den Sie einhalten sollten. Nehmen Sie zu den ersten zehn eigenen Terminen die Person mit, die Sie in das Geschäft gebracht hat. Hören Sie auf Ihren Sponsor, denn dieser kennt sich schon aus. Ich werde Ihnen nun im Anhang dieses Buches ein paar Adressen geben, wo Sie bereits erfolgreiche Networker finden.

Zum Schluss möchte ich mich noch für Ihr Interesse bedanken und Folgendes sagen.

Network-Marketing ist eine besondere aber seriöse Form des Empfehlungsmarketing. Es bietet Ihnen die Möglichkeit, für immer finanziell frei zu sein. Immer mehr Menschen sehen die Zukunft im Network-Marketing. Es ist die zurzeit am schnellsten wachsende Wirtschaftform Weltweit. Nutzen Sie also Ihre Chance und kommen mit in das Boot Network-Marketing. Ich helfe Ihnen gerne persönlich erfolgreich zu werden, sollte Ihnen das Buch nicht ausreichen. Meine Adresse finden Sie auf der nächsten Seite. Ich/Wir coachen Sie dann im Team solange, bis Sie erfolgreich sind.

Vielen Dank

Uwe Arning

Adresse

Uwe Arning
Network - Coach
Kleiner Sand 12, 25436 Uetersen
Tel.: 04122-982466 Handy: 0176/50176278
E-mail: arning_praxis@yahoo.de
Homepage: www.arning-praxis.de

Leserbriefe nach Auflage 1:

Hallo Herr Arning,

ich möchte mich für das Buch bedanken, welches Sie geschrieben haben. Ich habe es gelesen und bin begeistert über denn Inhalt. Es ist sehr allgemein und doch einleuchtend für jedermann, aber auf den Punkt gebracht. Ich finde es sehr gelungen und wünsche Ihnen weiterhin viel Erfolg mit dem Buch. Ich werde es aufjedenfall weiterempfehlen.

Liebe Grüße

Thomas Olafson (Flensburg)

Hallo Uwe,

ich habe mir nach Deiner Email Dein neues Buch gekauft. Das hast Du voll super geschrieben. Jetzt weiß ich endlich, was Network-Marketing ist. War anfangs skeptisch, aber Du hast mich eines besseren belehrt. Ich werde Dich in den nächsten Tagen anrufen, damit Du mich registrieren kannst. Am Dienstag kommen ich dann auch mit zur Geschäftspräsentation.

Also bis Dienstag

Margit G. (Uetersen)

Sehr geehrter Herr Arning,

man hat mir Ihr Buch empfohlen und ich bin begeistert darüber, dass ich meine Hemmungen in Bezug auf Network-Marketing mit Ihrer Heilmethode auflösen konnte.
Sie wissen gar nicht, wie dankbar ich bin.

Mit freundlichen Grüßen

Jürgen H. (Hamburg)

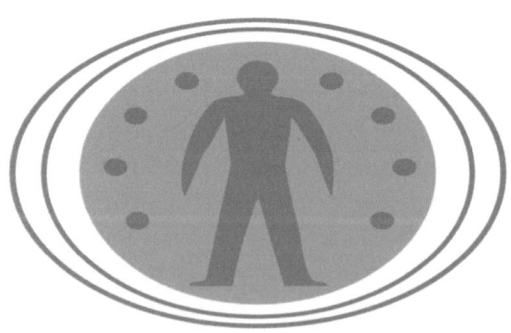

Uwe Arning

.... *Hoffnung* ....
Wege zum gesunden
.... *Leben* ....

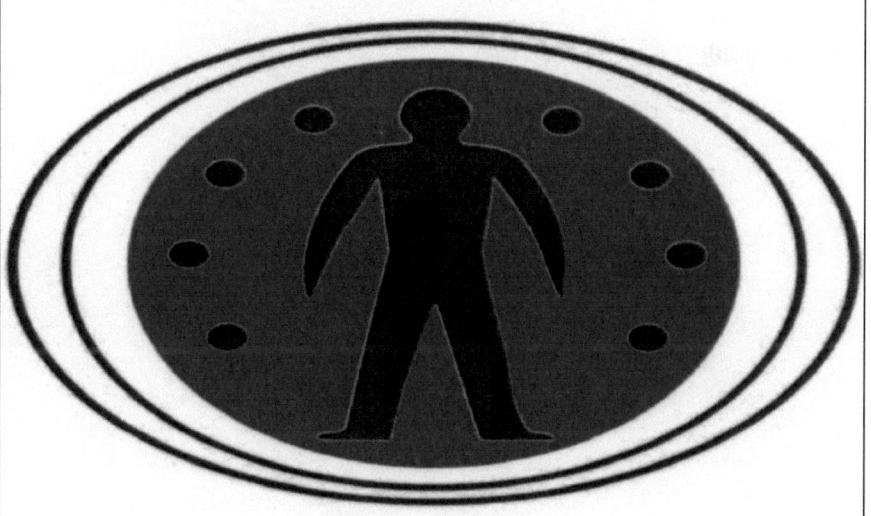

Mit den Meridian-Energie-Techniken
nach Franke sowie die Kraft und Macht
der richtigen Worte und des Denkens

ISBN: 978-3-837-01521-8

Endlich wieder glücklich und gesund!

**Durch die
Meridian – Klopfpunkt – Therapie
mit Aspekten aus Ho´oponopono
und der Sedona-Methode ®**

**Uwe Arning
Psychotherapeut (HPG)**

ISBN: 978-3-8391-1337-0

Notizen

Notizen